오를레앙의 성녀 **잔 다르크**

인디언 인권의 수호자 **바르톨로메 데 라스카사스**

Scénario: Jean-Louis Fonteneau
Dessin, couleur: Étienne Jung
Lettrage: François Batet
JEANNE D'ARC

Scénario: Philippe Remy
Dessin: Gaëtan Evrard
Couleur: Christine Couturier
Lettrage: François Batet
BARTOLOMÉ DE LAS CASAS

Copyright © 1999 by Bayard Éditions - Grain de Soleil, Paris
All rights reserved

Translated by Hyeonju Kim
Korean translation copyright © 2002 by Benedict Press, Waegwan, Korea
Published by arrangement with Bayard Éditions Jeunesse SA, Paris

오를레앙의 성녀 잔 다르크
인디언 인권의 수호자 바르톨로메 데 라스카사스
2002 초판
옮긴이 · 김현주 | 펴낸이 · 이형우
ⓒ 분도출판사
등록 · 1962년 5월 7일 라15호
718-806 경북 칠곡군 왜관읍 왜관리 134의 1
왜관 본사 · 전화 054-970-2400 · 팩스 054-971-0179
서울 지사 · 전화 02-2266-3605 · 팩스 02-2271-3605
www.bundobook.co.kr
ISBN 89-419-0226-6 07200
ISBN 89-419-0253-3 (세트)
값 7,000원

이 책의 한국어판 저작권은
Bayard Éditions Jeunesse SA와의 독점 계약으로 분도출판사에 있습니다.
저작권법에 의해 한국 내에서 보호를 받는 저작물이므로 무단 전재와 무단 복제를 금합니다.

평화의 사람들 ❶

오를레앙의 성녀
잔 다르크
글 · 장 루이 퐁트노
그림 · 에티엔느 정

인디언 인권의 수호자
바르톨로메 데 라스카사스
글 · 필립 레미
그림 · 가에탕 에브라르, 크리스틴느 쿠튀리예

김현주 옮김

분도출판사

오를레앙의 성녀
잔 다르크

15세기 초

프랑스와 영국의 백 년 전쟁! 프랑스는 역사상 가장 암울한 시기를 맞는다.
믿음과 용기로 무장한 잔 다르크는 과연 조국에 희망과 자유를 안겨 줄 것인가?

잔 다르크, '목소리'를 듣다

영국은 이미 프랑스의 일부를 삼켰고 로렌 지방의 작은 마을에는 한 처녀에 관한 이상한 소문이 나돌았다.
이 처녀는 영국을 프랑스에서 쫓아내라는 하느님의 목소리를 들었다는데 ….

공격의 선봉장은 처녀였다

잔 다르크의 대승은 많은 도시를 해방시킨다.
덕분에 프랑스 황태자는 랭스에서 왕위에 오른다.

형장의 이슬로 …

포로가 된 잔 다르크! 영국은 잔 다르크가 프랑스의 영광과 긍지를 회복시킨 것을 용서할 수 없었다.
마녀 혐의로 종교 재판에 회부된 잔 다르크는 1431년, 기어이 루앙의 장작더미 위에서 짧은 생을 마감해야 했다.
잔 다르크는 한순간도 신앙과 자신의 사명에 대한 굳센 믿음을 저버리지 않았다.
이 프랑스의 작은 거인은 하느님과 조국에 자신의 삶을 오롯이 바쳤던 것이다.
1920년에야 가톨릭 교회는 그녀를 성인품에 올린다.

**"저는 하느님을 사랑해요. 하느님을 섬기는 독실한 그리스도인이에요.
제 힘 닿는 데까지 교회를 돕고 받들고 싶어요."**

[1] 잔 다르크의 별명.

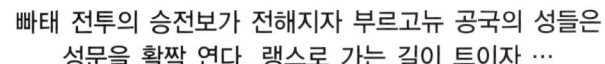

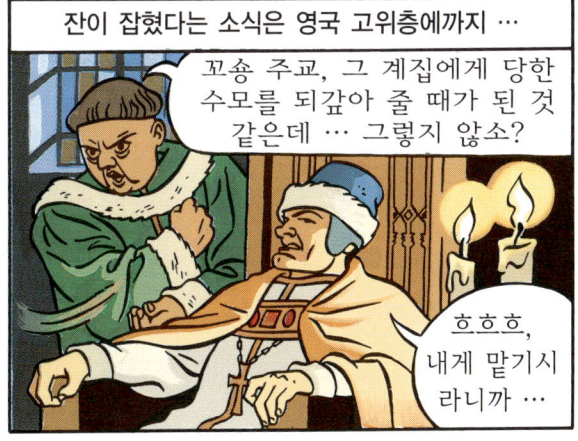

[1] 이단자.

인디언 인권의 수호자
바르톨로메 데 라스카사스

1502년

바르톨로메라는 한 스페인 청년이 모험과 영광과 부를 꿈꾸며 아메리카 대륙에 도착한다.
하지만 비참하게 살아가는 인디언들을 보고 자신의 삶을 바쳐 그들을 돕겠다고 마음먹는다.

놀라운 회개

대지주로 떼돈을 벌게 된 바르톨로메는 하느님의 부르심을 받고 사제가 된다.
자신이 부리던 노예를 해방시키고 인디언들의 평화와 해방을 위해 피땀 흘린다.

용감한 여행가

대서양 횡단이 멀고 위험한 모험이었던 당시, 그는 인디언들을 보호하기 위해 열네 번이나
모험을 감행한다! 또 미지의 부족을 찾아 위험을 무릅쓰고 정글 한복판에 뛰어들기도 한다.

뛰어난 말솜씨와 기발한 생각

바르톨로메는 언변으로만이 아니라 이론적인 연구를 통해서도 왕과 추기경들을 설득했다.
당시 그가 이룩한 연구 성과들은 이 분야에서 실로 뛰어난 가치를 지닌 것이다.
인디언 인권 수호의 개척자다운 면모가 그의 저서 곳곳에서 빛나고 있다.

> "예수 그리스도께서는
> 스페인 사람들뿐 아니라
> 인디언들을 위해서도 피 흘리셨으며,
> 또한 하느님께서는 스페인 사람들보다
> 인디언들을 더 많이 뽑으셨습니다."

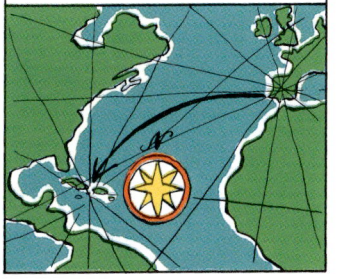

[1] 1492년, 크리스토퍼 콜럼버스는 훗날 아메리카라 불리는 신대륙을 발견했다.

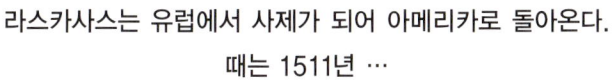

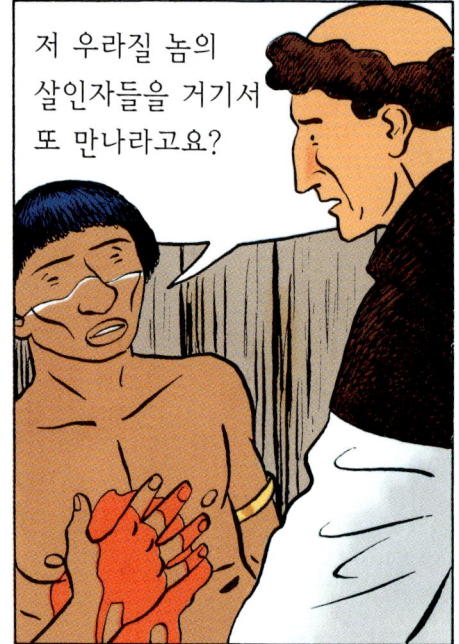

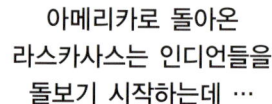